mars 1859

CATALOGUE

DES

ESTAMPES

Exemplaire de Bourdaly père

DESSINS, AQUARELLES

TABLEAUX

ANCIENS ET MODERNES

FAISANT PARTIE DE LA COLLECTION

DE FEU

M. RATTIER

dont la vente aux enchères publiques aura lieu

HOTEL DES COMMISSAIRES-PRISEURS

RUE DROUOT, N° 5

SALLE N° 5, AU 1er

Le Vendredi 25 Mars 1859, à une heure

PAR LE MINISTÈRE DE **Me CHARLES PILLET**, COMMISSAIRE-PRISEUR,
Succr de M. BONNEFONS DE LAVIALLE, rue de Choiseul, 11

ASSISTÉ DE **M. FERDINAND LANEUVILLE**, EXPERT
rue Neuve-des-Mathurins, 73

ET DE **M. BLAISOT**, EXPERT, rue de Rivoli, 178

Chez lesquels se distribue le Catalogue

EXPOSITION PUBLIQUE

Le Dimanche 20 mars 1859, de une heure à 5 heures.

1859

CONDITIONS DE LA VENTE

Elle sera faite au comptant.

Les acquéreurs paieront, en sus des adjudications, cinq pour cent applicables aux frais.

DÉSIGNATION

ESTAMPES

BOSSE (Abraham).

1 — Sujets et costumes divers (époque Louis XIII). 28 pièces. Très-belles épreuves.

CLAESSENS.

2 — La Femme hydropique, d'après Gérard Dow. Très-belle épreuve avant la lettre ; les noms d'artistes gravés à la pointe.

DREVET (Pierre).

3 — Portrait de Samuel Bernard, d'après Rigaud. Très-belle épreuve avant les mots *Conseiller d'État*.

DREVET (Pierre).

4 — Portrait de Bossuet, d'après Rigaud. — Très belle épreuve, avant les derniers travaux sur le dossier du fauteuil.

4 bis — Le même portrait, belle épreuve avant les points à la suite du nom de Rigaud.

5 — Portrait du maréchal de Villars. Très-belle épreuve, endommagée.

DALEN (Corneille Van).

6 — L'Arétin, Sébastien del Piombo et Giorgion, trois portraits gravés d'après le Titien. Très-belles épreuves avant la lettre.

DURER (Albert).

7 — La Vierge couronnée par deux anges. (B. 39). Très-belle épreuve.

8 — Trois génies ailés en accompagnement d'un écusson d'armes (B. 66). Très-belle ép.

9 — L'Enlèvement d'Amymone. Très-belle ép. — Elle porte le nom de Mariette, 1667. (B. 71). Collection Van Os.

10 — La Pandore, ou la grande Fortune (B. 77). Superbe épreuve d'une des plus belles estampes de l'œuvre de Durer. Collection Rossi.

11 — L'Oriental et sa Femme. (B. 85). Très-belle ép.

12 — Le petit cheval vu de profil, sans selle et sans bride (B. 96). Belle ép.

13 — Le cheval de la mort (B. 98). Admirable ép. d'une des estampes que Durer a le plus terminées. Elle est entière, mais elle a de légères restaurations.

14 — Saint Jérôme dans sa cellule (B. 114). Très-belle ép. d'une des estampes les mieux gravées par ce maître. Collection Denon.

EDELINCK (Gérard).

15 — Sainte Famille, dite le *Benedicite* (R. D. 8), d'après Ch. Lebrun. Très-belle et rare épreuve avant la lettre.

16 — Sainte Madeleine, d'après Lebrun. Épreuve avant la lettre. (R. D. 32.)

17 — La Sainte Famille, d'après Raphaël. Superbe épreuve avant les armes de l'abbé Colbert. (R. D. 4.)

GELÉE (Claude), dit Claude le *Lorrain*.

18 — La Danse sous les arbres. Très-belle épreuve, du deuxième état, d'une des plus jolies eaux-fortes de ce maître. (R. D. 10). Collection Van Os.

HOLLAR (W.)

19 — Le Calice, d'après And. Mantegna. On lit : Tabulam... *Venceslaus Hollar Bohemen, aqua fortiari in. sculpsit* 1640. Très-belle épreuve.

MARC DE RAVENNE.

20 — Le portrait d'Erasme, gravé d'après Holbein. Cette estampe est extrêmement rare. Brulliot seul l'a décrite d'une manière incomplète. La Bibliothèque impériale ne la possède pas.

Elle diffère de la composition allemande par de nombreuses différences dans les détails, qui en font une œuvre tout italienne et fort remarquable. Très-belle épreuve d'une parfaite conservation.

MECKEN (Israel Von).

21 — Le Joueur d'orgues. (B. 175). Belle épreuve.

22 — Un Ostensoir. Belle épreuve ; elle a été pliée.

NANTEUIL (Robert).

23 — Portrait de Lamothe le Vayer. Très-belle épreuve du deuxième état. (R. D. 143.)

4 — Portrait de Louis XIV. (R. D. 153.) Très-belle épreuve du deuxième état.

PONTIUS (Paul).

25 — Portrait de P.-P. Rubens. Très-belle épreuve d'un des chefs-d'œuvre de la gravure au burin. (Weber 46.)

RAIMONDI (Marc-Antoine).

26 — Adam et Ève, gravés d'après Raphaël. Très-belle épreuve de cette rare estampe. (B. 1.) Légèrement restaurée. Collection Denon.

27 — Saint Paul prêchant à Athènes, gravé d'après un carton de Raphaël. (B. 44.) Très-belle épreuve. Elle a quelques restaurations.

28 — La Vierge au Palmier. L'une des plus parfaites estampes que Marc-Antoine ait gravées d'après Raphaël. (B. 62.) Très-belle épreuve, bien conservée.

29 — Sainte Cécile, gravée d'après un dessin de Raphaël. Superbe épreuve, dite *au collier*. (B. 116.) Cabinet Roger.

30 — Lucrèce. L'une des premières pièces que Marc-Antoine a gravées d'après Raphaël. Belle épreuve de cette rare estampe, qui est une des plus estimées de l'œuvre. (B. 192.) Manque de conservation.

31 — Le Jugement de Pâris. Superbe épreuve d'une des plus parfaites estampes que Marc-Antoine ait gravées d'après Raphaël. (B. 245.) Collection Quatremère de Quincy.

32 — Vénus sortie du bain. Jolie pièce gravée d'après un dessin de Raphaël. (B. 297.) Très-belle épreuve de cette estampe, l'une des plus rares de l'œuvre de Marc-Antoine.

33 — Vénus et l'Amour. Vénus se baissant pour embrasser l'Amour. Pièce gravée d'après un dessin que l'on croit être de Raphaël. (B. 311.) Très-belle épreuve. Collection Donadieu. *Elle a été pliée.*

34 — Le *Quos Ego*, ou Neptune apaisant une tempête, d'après Raphaël. (B. 352.) Très-belle épreuve d'une des plus remarquables estampes de Marc-Antoine; parfaitement conservée.

Elle provient du cabinet de Valois.

35 — La Cassolette. Pièce gravée d'après un dessin exécuté par Raphaël pour François Ier. Très-belle épreuve. (B. 489.) Les deux angles d'en bas sont coupés. Collection Quatremère de Quincy.

REMBRANDT (VAN RHYN).

36 — Le Sacrifice d'Abraham. (B. 35.) Très-belle épreuve. Collection Van Os.

37 — Jésus guérissant les malades. Estampe connue sous le nom de : *la pièce de cent florins*. Magnifique épreuve du premier état de Bartsch. (B. 74.)

38 — Mendiants à la porte d'une maison. (B. 176.) Très-belle épreuve. Collection Van Os.

39 — Le Paysage aux trois arbres. L'un des plus beaux et des plus finis de l'œuvre de Rembrandt. Superbe épreuve, d'une conservation parfaite. (B. 206.)

40 — La Chaumière et la Grange à foin. Superbe épreuve de ce paysage; l'un des plus beaux et des plus spirituellement gravés par Rembrandt. (B. 225.) Conservation parfaite. Collection Van Os.

41 — Jeune homme assis et réfléchissant. Très-belle épreuve de ce joli portrait. (B. 268.) Collection Van Os.

RICHOMME (Th.).

42 — Le Triomphe de Galatée, d'après Raphaël. Magnifique épreuve avant toute lettre, dite *avec le petit rocher*, gravé à l'eau-forte dans la marge du bas de l'estampe.

ROTA (Martin).

43 — Le Jugement dernier, d'après Michel-Ange. (B. 28.) Très-belle épreuve.

VAN DYCK.

44 — Portrait de Momper, gravé à l'eau-forte. Première et rarissime épreuve avant la lettre, avec d'énergiques touches au bistre de la main de Van Dyck Cabinets Saint et Van Os.

WILLE (J.-G.).

45 — La Liseuse, la Dévideuse et la Tricotteuse. Très-belles épreuves ; l'une de ces estampes a la bordure coupée, et le titre de la Tricotteuse a été gratté.

Le petit Physicien – bulles de savon (armes seulement)

Drevet, L'archevêque Vintimille priant

Durer, Deux personnages

Anonyme, Deux personnages debout

un Rembrandt

8 gouaches d'après Pompei

3 autres pièces

TABLEAUX & DESSINS

BALLU.

46 — Vue prise en Grèce. (Aquarelle.)

DU MÊME.

47 — Vue prise en Grèce. (Aquarelle.)

DU MÊME.

48 — Vue prise en Grèce. (Aquarelle.)

DU MÊME.

49 — Intérieur de Saint-Pierre. (Aquarelle.)

BÉNOUVILLE.

50 — La Fontaine de la nymphe Égérie.

DU MÊME.

51 — La Transfiguration, d'ap. Raphaël. (Dessin estompé.)

BERTIN.

52 — Petit paysage. (Fixé.)

BIDAULT.

53 — Petit paysage. (Fixé.)

BOUCHER.

54 — Des Amours.

DU MÊME.

55 — Même sujet.

BUTTURA.

56 — Vue du Forum.

DU MÊME.

57 — Vue de Tivoli.

DU MÊME.

58 — Vue de Tivoli.

CHARDIN.

59 — La Toilette.

DU MÊME.

60 — Pendant du précédent.

DAEL (VAN).

61 — Bouquet de roses dans un vase.

DAMENE.

62 — La Vierge de Foligno. (Estompe.)

DAMMERI.

63 — Une Sainte. (Dessin.)

DE BOISSIEU.

64 — Paysan et sa vache. (Lavis rehaussé de blanc.)

DU MÊME.

65 — La Chaumière. (Lavis.)

DU MÊME.

66 — La Fontaine. (Lavis.)

DECAMPS.

67 — Cochons dans une basse-cour.

DU MÊME.

68 — Le petit Savoyard.

GÉRICAULT.

69 — Cheval de charrette.

GÉROME, D'APRÈS RAPHAEL.

70 — La Foi, l'Espérance et la Charité.

MURILLO.

71 — Portrait de Marie-Anne d'Autriche.

OMMEGANCK.

72 — Pâturage.

OSTADE (Genre d').

73 — Intérieur rustique.

OUDRY.

74 — Oiseau mort.

ROBERT (Léopold).

75 — Un Enterrement napolitain.

SPAENDONCK (Van).

76 — Une Branche de roses.

TENIERS (David).

77 — Petit Portrait d'homme vêtu de noir.

VALKENBURG.

78 — Gibiers.

VERNET (J. d'après).

79 — Deux fixés.

ÉCOLE GOTHIQUE.

80 — La sainte Vierge et l'Enfant-Jésus.

Renou et Maulde, Imprimeurs de la Compagnie des Commissaires-Priseurs
Rue de Rivoli, 144 1240

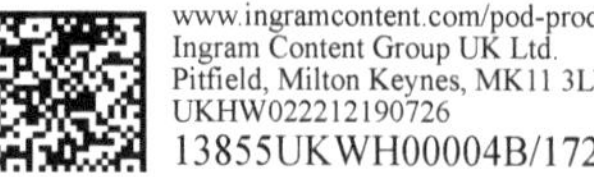

www.ingramcontent.com/pod-product-compliance
Ingram Content Group UK Ltd.
Pitfield, Milton Keynes, MK11 3LW, UK
UKHW022212190726
13855UKWH00004B/1729

9 782011 904652